AF494092

CATALOGUE

DE

BOISERIES ANCIENNES

Cadres, Trumeaux, Frises, Dessus de portes
Traverses, Parcloses, Panneaux, Portes, Cintres, Pilastres
Ciels de lits, Encadrements, Bois de sièges, Colonnes
Boiseries de salon et d'alcove, Façade de Maison normande

PLAFOND ORNÉ DE PEINTURES ÉPOQUE RENAISSANCE

MEUBLES, SCULPTURES

des XVIe, XVIIe et XVIIIe siècles

Cheminées, Consoles, Bustes, Bas-reliefs, Gaines, Frises
Colonnes — Médaillons

BRONZES — VITRAUX — FAIENCES DE STRASBOURG

Tableaux

TAPISSERIES — ÉTOFFES — CUIRS DE CORDOUE

dont la vente aura lieu

Par suite du décès de M. Montvallat

HOTEL DROUOT, SALLE Nos 5 & 6

Les Mardi 19 et Mercredi 20 Mai 1903, à 2 heures 1/4

Me F. LAIR-DUBREUIL	M. ARTHUR BLOCHE
Commissaire-Priseur	*Expert près la Cour d'Appel*
6 — RUE DE HANOVRE — 6	28 — RUE DE CHATEAUDUN — 28

CHEZ LESQUELS SE TROUVE LE PRÉSENT CATALOGUE

EXPOSITION PUBLIQUE

Le Lundi 18 Mai 1903, de 2 heures à 6 heures

CONDITIONS DE LA VENTE

La vente sera faite au comptant.

Les acquéreurs paieront *dix pour cent* en sus des prix d'adjudication.

L'Exposition mettant le public à même de se rendre compte de l'état des objets, aucune réclamation ne sera admise une fois l'adjudication prononcée

Paris. — Imp. C. Chaufour, 8-10, rue Milton.

DÉSIGNATION

BOISERIES

1 — Boiserie de salon composée de neuf panneaux avec leurs soubassements, un trumeau de glace, un trumeau de cheminée accompagné de ses deux parcloses, un dessus de porte, une porte à deux vantaux avec chambranles, six volets de fenêtres et des parcloses en bois sculpté et rechampi de gris, décorés de peintures à fleurs, surmontées de guirlandes et de couronnes, encadrements à moulures, offrant dans le bas des coquilles au milieu de fleurettes, le haut à écoinçons. Epoque Louis XV.

2 — Grand et beau plafond en bois décoré de peintures et rehaussé d'or, offrant au centre, dans un encadrement à feuilles de chêne, un groupe d'amours dans des nuages, tenant des bouquets et des guirlandes de fleurs, sur les côtés deux médaillons ovales en grisaille sur fond d'or à couple de nymphes supportant un vase au milieu d'un encadrement à mosaïque dorée, et orné de guirlandes de fruits se terminant en pendentif, le bas à tête de mascaron enguirlandée, accostée de deux figurines d'amours. Epoque Renaissance.

3 — Ancienne façade de maison normande composée de poutres et corbeaux en chêne sculpté. Epoque du XVIe siècle.

4 — Trumeau de glace d'entre-deux le haut à attributs de musique Epoque Louis XV.

5 — Deux cadres de dessus de portes ornés de coquilles, rocailles, roseaux et salamandres. Epoque Louis XV.

6 — Cadre de dessus de porte Louis XVI, moulures ornées, avec attique.

7 — Importante corniche de forme mouvementée, très richement sculptée, époque transition.

8 — Deux porte-fusils en acajou. Epoque Louis XVI.

9 — Petit panneau orné de médaillons et palmes. Epoque Louis XVI.

10 — Deux cariatides à profils découpés, bois sculpté. Epoque Louis XVI.

11 — Dessus de porte à écoinçoins.

12 — Petit panneau orné d'une rosace centrale. Epoque Régence.

13 — Fragment de haut de panneau. Epoque Louis XV.

14 — Rosace avec encadrements à tores de lauriers. Epoque Louis XIII.

15 — Deux fragments de corniche bois sculpté. Epoque Louis XIV.

16 — Fragment de parclose. Epoque Louis XV.

17 — Boiserie composée de panneaux, dessus de portes, parcloses, etc., peinte en gris et ornements en pâtes sous vieille dorure. Epoque Louis XV.

18 — Deux frises en bois rechampi à sculptures dorées, offrant une rosace au milieu de rinceaux feuillagés et fleurettes. XVIIIe siècle.

19 — Partie de boiserie composée de trois panneaux et de deux petites parcloses en bois sculpté et rechampi de gris, encadrement à moulures, coquilles et feuillages. Epoque Louis XIV.

20 — Panneau en chêne, sculptures après encadrement, à dentelures, écoinçons à rocailles. Epoque Régence.

21 — Deux pilastres à cannelures, le haut à chapiteaux corinthiens. Epoque Louis XVI.

22 — Boiserie d'alcôve, composée d'un encadrement deux retours cintrés, deux panneaux et une parclose en chêne sculpté, le haut à palmettes et guirlandes de fleurs, les côtés à branches de lauriers, le milieu à rosaces. Epoque Louis XIV.

23 — Deux grandes colonnes, en bois sculpté, à cannelures et pointes d'asperges, le haut à chapiteaux corinthiens, et offrant des vestiges de dorures. Epoque Louis XVI.

24 — Panneau en chêne sculpté, entourage à cannelures enrubannées, écoinçons à coquilles et offrant au centre une rosace, au milieu de coquilles et ornements. Epoque Louis XIV.

25 — Deux cadres de dessus de portes en bois sculpté à contours et rocailles fleuronnées. Epoque Louis XV.

26 — Deux trumeaux de glaces, en bois sculpté moulures dorées à feuilles d'acanthe, le haut cintré, et surmonté de guirlandes de fleurs attachées à un nœud de ruban. Epoque Louis XVI.

27 — Trumeau de glace en bois sculpté et rechampi de gris, encadrement à cannelures enrubannées, et perles le haut à guirlandes de fleurs et tores de lauriers, suspendus à des rubans. Epoque Louis XVI.

28-31 — Quatre portes à deux vantaux en bois sculpté à moulures. Epoque Louis XV.

32-39 — Huit panneaux contenant des motifs de sculptures de diverses époques.

40 — Panneau en bois sculpté le centre à rosace au milieu de rinceaux, coquilles, et volutes feuillagées. Epoque Louis XIV.

41 — Panneau en bois sculpté et doré, allégorie au Saint-Esprit. Epoque Louis XIV.

42 — Deux parcloses en chêne sculpté, le milieu à rosaces au milieu d'ornements, le bas coquillé. Epoque Louis XIV.

43 — Porte d'armoire à deux vantaux en chêne sculpté, le milieu à panneaux saillants, le haut à palmettes, coquilles et fleurettes, au milieu de volutes feuillagées. Epoque Louis XIV.

44 — Trois cintres de dessus de porte en bois sculpté à rais de cœur et perles dont un avec médaillon ovale et orné de peintures à personnages mythologiques. Epoque Louis XVI.

45 — Quatre corbeaux en bois sculpté à feuilles d'acanthe. Epoque Louis XIV.

46 — Deux vantaux de portes en chêne à moulures unies.

47 — Trois devants de coffre en bois sculpté, encadrement à moulures, le haut et le bas à rocailles fleuronnées. Epoque Louis XV.

48-49 — Quatre boiseries en bois sculpté, moulures à contours, le haut à palmettes et coquilles au milieu de volutes feuillagées. Epoque Louis XIV.

50 — Grande traverse en chêne sculpté, moulures à contours, le haut à coquilles, rinceaux et fleurettes. Epoque Louis XIV.

51 — Deux écoinçons, moulures à cannelures enrubannées, offrant, sur les côtés des têtes de personnages, coiffés de plumes. Epoque Louis XIV.

52 — Panneau d'encadrement en chêne sculpté à oves au milieu d'entrelacs. Epoque Louis XIII.

53 — Ciel de lit en bois sculpté à godrons, rais de cœur, cannelures au milieu de culots d'asperges. Epoque Louis XVI.

54 — Deux petits panneaux Louis XVI en bois sculpté, à corbeilles de fleurs au milieu de rinceaux fleuris et enguirlandés.

55 — Balustrade en chêne sculpté à rosace ajourée, gothique flamboyant.

56 — Deux corbeaux à têtes de femmes laurées. Epoque Louis XIV.

57 — Deux montants en bois sculpté rechampi de gris, à volutes feuillagées tores de lauriers et clochettes. Epoque Louis XIV.

58 — Panneau en bois sculpté rechampi de gris; le haut à coquille et rocailles, pendentifs à fleurettes. Epoque Régence.

59 — Trois cadres de dessus de porte en bois sculpté et rechampi de gris, moulures à perles. Epoque Louis XVI.

60 — Grand cadre de glace en bois sculpté à tores de lauriers, moulures à rais de cœur. Epoque Louis XVI.

61 — Cadre de dessus de porte en bois finement sculpté et doré à palmes et roseaux enrubannés, le haut à coquilles. Epoque Régence.

62 — Cadre de dessus de porte en bois sculpté et rechampi de gris, le haut à coquilles, écoinçoins à volutes. Epoque Louis XIV.

63 — Grand encadrement de tapisserie en bois sculpté à coquilles et volutes feuillagées et fleuries. Epoque Régence.

64-71 — Suite de parcloses en bois sculpté de diverses époques.

72 — Grand panneau en chêne sculpté, le haut à coquille et guirlandes de fleurs, suspendues à un nœud de ruban, le bas à bouquet de fleurs. Epoque Régence.

73 — Trumeau de glace, encadrement à moulures, le haut à contours et rocailles fleuronnées.

74 — Deux dessus de portes en bois sculpté à couronne de fleurs au milieu de branches de lauriers. Epoque Louis XVI.

75 — Panneau cintré, à attributs de musique. au milieu de fleurs et de palmes, époque Louis XVI.

76 — Quatre grands panneaux cintrés décorés de peintures en grisaille à groupes de personnages au milieu de rinceaux et guirlandes de fleurs. Epoque Louis XVI.

77 — Dessus de porte Louis XVI en bois sculpté à attributs de musique et fleurs.

78 — Panneau cintré, offrant au centre une rosace au milieu de rinceaux et coquilles. Epoque Louis XIV.

79-86 — Lot de pieds de table et pieds de lit en chêne noyer et acajou sculptés, et d'époques diverses.

87-98 — Lot de traverses et de moulures en bois sculpté rechampi de gris ou doré, des époques Louis XIV, Louis XV et Louis XVI.

99-102 — Quatre rosaces de plafond en bois sculpté, à rinceaux feuillages, coquilles et feuilles d'acanthe. Epoque Louis XIV.

103 — Quatre panneaux décorés de cariatides de femmes allégoriques, tenant des palmes, des attributs et des étendards en noyer sculpté dans la masse, peint et doré.

104 — Petit panneau en noyer sculpté, offrant au centre un personnage tenant une torche enflammée.

105 — Quatre pieds de montants de lits en bois sculpté à rocailles fleuronnées. Epoque Louis XV.

106 — Deux panneaux Louis XV en chêne sculpté, le haut à coquilles au milieu de fleurs.

107 — Deux grands panneaux en bois sculpté, offrant des armoiries religieuses et pontificales.

108-109 — Six parcloses en bois sculpté à coquilles, rinceaux et rosaces. Epoque Louis XIV.

110 — Deux portes à deux vantaux avec leurs chambranles, panneaux en chêne sculpté à écoinçons offrant au centre une rosace fleurie et treillagée, haut $1^{m}75$, large $1^{m}50$. Epoque Régence.

111 — Trumeau avec sa glace entourage sculpté et doré à entrelacs et rais de cœur. Epoque Louis XVI.

112 — Dessus de porte, en chêne sculpté, à corbeille de fleurs, au milieu de rinceaux. Epoque Louis XIV.

113 — Dessus de porte en bois sculpté à attributs symboliques. Epoque Louis XVI.

114 — Dessus de porte en bois sculpté, écoinçons à rinceaux feuillagés offrant au centre en peinture une corbeille fleurie. Epoque Louis XV.

115 — Deux cadres de glaces décorés d'ornements en cuivre repoussé. Epoque Louis XIII.

116 — Cadre de dessus de porte en bois sculpté, le haut à volutes feuillagées.

117 — Trois dessus de porte, décorés d'ornements en pâte à treillages fleuris, offrant au centre un médaillon à jeux d'amours. Epoque Louis XIV.

118 — Dessus de porte, ornements en pâte, à guirlandes de fleurs, suspendues à un nœud de rubans au milieu de rocailles, et branches de lauriers. Epoque Louis XV.

119 — Deux montants en chêne sculpté, le haut à coquilles, pendentif à fleurettes. Epoque Louis XIV.

120 — Ciel de lit en bois sculpté et doré, à fleurettes, feuilles d'acanthe, perlés et tores de lauriers. Epoque Louis XVI.

121 — Frise en bois sculpté et doré à tores de lauriers. Epoque Louis XVI.

122 123 — Quatre dessus de portes en chêne sculpté, à médaillons à têtes d'empereurs romains, entourés de trophées d'armes et de drapeaux. Epoque Louis XIV.

124 — Huit supports de poutre en chêne sculpté, à médaillons à têtes de personnages au milieu d'ornements. Epoque François Ier.

125 — Trumeau de glace, en bois sculpté, le haut cintré avec écoinçons, moulures à oves, perles et rais de cœur. Epoque Louis XVI.

126 — Grande traverse en chêne sculpté, à fleurs et rocailles. Epoque Louis XV.

127 — Petit panneau en chêne sculpté encadrement à palmes et feuillages. Epoque Louis XIV.

128 — Encadrement en bois sculpté à petits médaillons, entourés de feuillages et ornés de roses, montants surmontés de chapiteaux, le haut cintré à rosaces feuillagées. Epoque Louis XVI.

129 — Porte à deux vantaux, moulures à feuilles d'acanthe finement sculptées, panneau central à rubans. Epoque Louis XVI.

130 — Petite frise en chêne sculpté à culots de feuille d'acanthe et rosaces. Epoque Louis XIV.

131 — Cadre en chêne sculpté, à rinceaux feuillagés, moulures à godrons. Epoque Louis XIV.

Haut. : 0m70. Larg. 0m66.

132 — Panneau en bois rechampi de gris offrant au centre un médaillon ovale en bois sculpté et doré, représentant un groupe de colombes posé sur un trophée de flèches et de carquois, au milieu de guirlandes de fleurs et branches de lauriers.

133 — Cadre en chêne sculpté à rocailles fleuronnées. Epoque Louis XV.

134 — Cadre Louis XIV en noyer sculpté et doré, les coins à rinceaux fleuronnés et feuillagés.

Haut. : 0m92. Larg. : 0m66.

135 — Deux traverses de glaces Louis XIV, en chêne sculpté, à rinceaux et guirlandes, les côtés à masques fabuleux.

136 — Grand panneau en bois rechampi de gris, sculptures dorées offrant au centre une rosace, encadrement à moulures et écoinçons. Epoque Louis XIV.

137 — Cinq parcloses, en bois rechampi de gris, ornées de motifs dorés en pâte, à fleurettes au milieu d'entrelacs. Epoque Louis XVI.

138 — Petit panneau en chêne sculpté, encadrement à moulures, le haut et le bas à flammes au milieu de rinceaux. Epoque Louis XIV.

139 — Grande traverse en chêne sculpté, offrant au centre un motif à plumes au milieu de rinceaux feuillagés. Epoque Louis XV.

140 — Deux cadres en bois sculpté à coquilles et volutes feuillagées. Epoque Louis XIV.

141 — Deux dessus de portes en bois sculpté, encadrement à moulures, le haut à coquilles feuillagées. Epoque Louis XV.

142 — Grand cadre en bois sculpté à rinceaux feuillagés. Epoque Louis XIV.

143 — Grand cadre médaillon ovale en chêne sculpté, le haut à tores de lauriers. Epoque Louis XVI.

144 — Deux cadres en bois sculpté à coquilles et volutes feuillagées et guirlandes. Epoque Louis XV.

145 — Deux cadres en bois sculpté, forme à contours, à volutes et fleurs, le bas à agrafes. Epoque Louis XV.

146 — Deux montants en chêne sculpté pendentifs à bouquets de fleurs suspendus à des nœuds de rubans. Epoque Louis XIII.

147 — Deux portes en bois sculpté, le haut à fleurs, encadrement à moulures, avec leurs chambranles. Epoque Louis XV.

148 — Trois parties de panneaux en bois sculpté à cannelures, moulures, instruments de musique, fleurs et feuillages. Epoques Louis XV et Louis XVI.

149 — Grande parclose en bois rechampi de gris, sculptures dorées, le haut et le bas à coquilles et pendentifs, le centre offrant une épée et une devise sur banderolle. Epoque Louis XIV.

150 — Deux montants en chêne sculpté à volutes feuillagées. Epoque Louis XIV.

151 — Lot de moulures à cannelures enrubannées, en bois sculpté rechampi de gris, environ vingt-trois mètres. Epoque Louis XVI.

152 — Grand encadrement à cannelures enrubannées, avec trois autres morceaux en chêne sculpté, environ quatorze mètres. Epoque Louis XVI.

153 — Deux têtes d'anges dans les nuages en bois sculpté. Epoque Renaissance.

154 — Grande frise en bois sculpté à enroulements de feuilles d'acanthe. Epoque Louis XIII.

155 — Porte à deux vantaux en bois sculpté, encadrement à moulures le haut et le bas à motifs coquillés. Epoque Louis XV.

156 — Porte en bois sculpté et rechampi de gris, le haut à médaillon enguirlandé, surmonté d'une corniche à godrons. Epoque Louis XVI.

157 à 160 — Lot de chambranles en bois sculpté, moulures dorées, à feuilles d'acanthe. Epoque Louis XVI.

161 — Trois portes à deux vantaux avec chambranles, encadrement à moulures. Epoque Louis XVI.

162 — Pilastre en bois sculpté à cannelures, le haut à chapiteau corinthien. Epoque Louis XVI.

163 — Frise en chêne sculpté, brûle-parfums au milieu de branches de lauriers. Epoque Louis XVI.

164 — Deux portes Louis XV en bois sculpté dont une avec chambranle.

165 — Deux grands panneaux cintrés le haut à coquille et chute de fleurs, époque Louis XIV.

MEUBLES

166 — Petit bureau de forme à contours, avec tablette rentrante dans le milieu, tiroir dans le bas, et trois petits tiroirs de chaque côté, époque Louis XV.

167 — Petite table basse et ovale, en bois sculpté à cannelures, époque Louis XVI.

168 — Petite console époque Régence en bois sculpté, et doré, bandeau offrant au centre un mascaron à tête de femme au milieu de rocailles.

169 — Quatre fauteuils Louis XV en bois sculpté et doré, à fleurs.

170 — Commode Louis XV, en bois de rose s'ouvrant à deux tiroirs, ornés d'une marqueterie de bois à fleurs, chutes poignées sabots et entrées de serrures en bronze ciselé et doré à rocailles fleuronnées.

171 — Table vitrine de style Renaissance en noyer sculpté, de forme rectangulaire piétement à volutes, colonnettes cannelées et feuilles d'acanthe, surmontées de chapiteaux ioniques.

172 — Meuble de salon en bois sculpté dessin à fleurettes et coquilles composé d'un canapé et cinq fauteuils.

173 — Petite chaise époque Louis XV en bois sculpté foncée de canne.

174 — Bois de Bergère, sculpté à cannelures et rubans enroulés, époque Louis XVI.

175 — Bois de chaise sculpté à fleurettes, époque Louis XV.

176 — Grande horloge en noyer sculpté de style Henri II et de forme architecturale, les montants à colonnettes plates, ornées de feuillages, et surmontées de chapiteaux ioniques, le haut flanqué de deux colonnettes, corniche ornée de petits balustres et clochetons.

177 — Coffre en bois sculpté, le haut à tête de chérubin au milieu d'ornements, les montants à colonnettes et cariatides. Epoque Renaissance.

178 — Bois de banquette avec dossier. Epoque Ier Empire.

179 — Bois de canapé Louis XIII.

180 — Cinq feuilles de paravent japonais peintes à volatiles au milieu de branchages fleuris.

181 — Paravent à trois feuilles peintes à personnages et volatiles dans des encadrements à rocailles. Epoque Régence.

182 — Bois d'écran Louis XV en bois sculpté et doré, le haut à fleurettes.

183 — Chaise en bois sculpté, à fleurettes, foncée de canne. Epoque Louis XV.

184 — Petite chaise en bois sculpté à fleurettes, foncée de canne. Epoque Louis XV.

185 — Bois de canapé sculpté à cannelures. Epoque Louis XVI.

186 — Grande chaise. Epoque Henri II.

187 — Trois chaises Louis XIII en bois sculpté, pieds tors.

188 — Fauteuil Louis XIII à haut dossier.

189 — Bois de bergère Louis XVI en bois sculpté, dossier à contours.

190 — Petit meuble à tiroirs anglais, montants à cannelures. Epoque Louis XVI.

191 — Bois de paravent à cinq feuilles. Epoque Louis XIV.

192 — Buffet en bois de noyer noirci et incrusté de filets de cuivre, s'ouvrant dans le haut à deux portes à petits carreaux, le milieu à deux tiroirs, avec entrées et poignées de serrures en cuivre, et le bas à deux portes pleines, ornées au centre de rosaces en cuivre ciselé, gravé et ajouré au milieu d'ornements.

193 — Canapé en bois sculpté recouvert en ancienne tapisserie de l'époque Renaissance, au point et au petit point, à personnages dans des paysages.

SCULPTURES

CHEMINÉES. BRONZES. FERS FORGÉS

194 — Grande cheminée en marbre rouge royal, encadrement à moulures, le haut à coquille feuillagée. Epoque Louis XV.

195 — Cheminée en marbre vaudelé encadrement à moulures ornée au centre d'une coquille, montant à consoles feuillagées. Epoque Louis XV.

196 — Deux casques en pierre sculptée. Epoque Louis XIV.

197 — Important bas-relief en marbre sculpté, représentant une femme à demi couchée, le coude appuyé sur un livre, et tenant de l'autre main un médaillon à tête de personnage. XVIIIe siècle.

Haut. : 1m40.

198 — Deux petits bas-reliefs en pierre sculptée à attributs.

199 — Statue de nymphe en marbre sculpté, représentée à demi drapée et tenant un corne. XVIIIe siècle.

200-201 — Deux bas-reliefs en marbre sculpté représentant l'ensevelissement du Christ et la lapidation. XVe siècle.

Long. : 1m30. Larg. : 0m40.

202 — Petit bas-relief en forme de demi-cercle en pierre sculptée représentant un ange et une sainte dans les nuages. XVIe siècle.

203 — Petit bas-relief ovale en pierre sculptée, représentant la Sainte Famille.

204 — Ecusson à armoiries en marbre sculpté.

205 — Deux montants de cheminée en marbre sculpté.

206 — Deux consoles, en pierre sculptée à feuilles d'acanthe. Epoque Louis XIV.

207 — Console en pierre sculptée, en forme de demi-vase, à rinceaux feuillagés. XVIIe siècle.

208 — Deux petits supports en pierre sculptée à feuillages. XVIIe siècle.

209 — Deux frises en pierre sculptée, le haut à oves, le bas à volutes feuillagées. Epoque Louis XIV.

210 — Deux mascarons en terre cuite à têtes de faunes. Epoque Louis XIV.

211-212 — Deux bustes en pierre sculptée de philosophes grecs. Epoque Louis XIV.

213 — Médaillon ovale représentant une Diane. Epoque Louis XIV.

214 — Gaîne en marbre rouge.

215 — Deux colonnes en marbre brèche surmontées de chapiteaux ioniques et ornées de tores de lauriers en bronze ciselé et doré.

216-225 — Lot de boutons de portes, serrures, verroux, charnières, gâches, espagnolettes, en bronze ciselé et doré des époques Louis XIV, Louis XV et Louis XVI.

226-230 — Lot de plaques et de retours de cheminées en fonte, à personnages au milieu d'ornements. XVIIIe siècle.

231 — Paire de flambeaux en bronze ciselé et doré, fuseaux à cannelures pointes d'asperges, médaillons et tores de lauriers. Epoque Louis XVI.

232 — Socle de pendule en marqueterie de cuivre sur fond d'écaille. Epoque Louis XIV.

233 — Galerie de foyer en bronze ciselé. Epoque Louis XVI.

Long. : 1m60.

234 — Galerie de foyer en bronze ciselé et ajouré à rinceaux. Epoque Louis XIV.

235 — Deux chenêts Louis XIII en fer forgé.

FAIENCES, VITRAUX

236 — Suite de trente-deux carreaux de poële en ancienne faïence de Strasbourg, décor très fin et à fleurs et insectes sur fond blanc.

237 — Trois vitraux anciens, décorés de médaillons à armoiries et têtes de personnages.

238 — Cinq fragments de vitraux anciens.

TABLEAUX

BOUCHER (Ecole de)

239 — *Vénus chez Vulcain.*

Haut. : 2m. Larg. : 2m.

LANCRET (Genre de)

240 — *Daphnis et Chloé.*

241 — Devant de cheminée à vase de fleurs.

RAPHAEL (D'après)

242 — *Scène mythologique et nymphes et amours dans un entourage à ogives.*

Plafond.

Long. : 3m; Haut. : 1m30.

VAN LOO (Attribué à)

243 — *Les Petits peintres.*

244 — *Les Petits musiciens.*

ÉCOLE ANCIENNE

245 — *Le Retour de l'Enfant prodigue.*

ÉCOLE ANCIENNE

246 — *Le Cardinal.*

ÉCOLE FRANÇAISE DU XVIIe SIÈCLE

247 — *La Tentation.*

Dessus de porte.

ÉCOLE FRANÇAISE

248 — *La Source.*

ÉCOLE FRANÇAISE

249 — *Groupe d'amours supportant une corbeille de fleurs.*

Grisaille.

Deux dessus de portes.

ÉCOLE FRANÇAISE

250 — Coin de plafond en grisaille, représentant des personnages au milieu d'attributs.

ÉCOLE FRANÇAISE

251 — *Sujet mythologique.*

Dessus de porte.

ÉCOLE FRANÇAISE

252-253 — *Corbeilles et guirlandes de fleurs.*

Suite de quatre dessus de portes de l'époque Louis XVI.

Haut. : 1m52. Larg. : 1m.

ÉCOLE FRANÇAISE

254 — *Guirlandes de fleurs.*

Dessus de porte.

ÉCOLE FRANÇAISE

255 — *Scène de l'Olympe.*

ÉCOLE FRANÇAISE

256 — *Jeunes filles se parant de fleurs.*

TAPISSERIES, ÉTOFFES

CUIRS DE CORDOUE

257 — Deux bordures de tapisserie à fleurs, fruits, feuillages et bustes de personnages. Epoque Renaissance.

258 — Fragment d'ancienne tapisserie verdure avec volatiles.

259 — Coupes d'ancien damas de soie rouge.

260 — Bordure de tapis de la Savonnerie, dessin à palmettes. Epoque Ier Empire

261 — Tenture en ancien cuir de Cordoue à fleurs et médaillons sur fond d'or gaufré.

262 — Objets omis.

www.ingramcontent.com/pod-product-compliance
Ingram Content Group UK Ltd.
Pitfield, Milton Keynes, MK11 3LW, UK
UKHW020528180726
13839UKWH00005B/2372

9 782329 593180